BEI GRIN MACHT SICH IHR
WISSEN BEZAHLT

Logistik und Produktion. Betriebliche Wertschöpfung

Saskia Haschke

Bibliografische Information der Deutschen Nationalbibliothek:

Die Deutsche Nationalbibliothek verzeichnet diese Publikation in der Deutschen Nationalbibliografie; detaillierte bibliografische Daten sind im Internet über http://dnb.d-nb.de abrufbar.

ISBN: 9783346722294
Dieses Buch ist auch als E-Book erhältlich.

© GRIN Publishing GmbH
Nymphenburger Straße 86
80636 München

Druck und Bindung: Books on Demand GmbH, Norderstedt Germany
Gedruckt auf säurefreiem Papier aus verantwortungsvollen Quellen

Das vorliegende Werk wurde sorgfältig erarbeitet. Dennoch übernehmen Autoren und Verlag für die Richtigkeit von Angaben, Hinweisen, Links und Ratschlägen sowie eventuelle Druckfehler keine Haftung.

Das Buch bei GRIN: https://www.grin.com/document/1274292

Einsendeaufgabe:

Betriebliche Wertschöpfung

verschickt am 16. Oktober 2017 per Einwurf-Einschreiben an die Studierendenbetreuung der SRH Fernhochschule Riedlingen

SRH Fernhochschule

Modul: Betriebliche Wertschöpfung (1. Semester)

Studiengang: Betriebswirtschaft und Management (B.A.)

von

Saskia Haschke

Studiengang: Betriebswirtschaft und Management (B.A.)

Inhalt

Abbildungsverzeichnis

Aufgabe 1

A 1.1 Die wichtigsten Ziele der Materialwirtschaft und Logistik

Zu Beginn sollte man beide Begriffe kurz erläutern, da sie häufig in der Praxis nicht deutlich voneinander abgegrenzt werden. Die Materialwirtschaft umfasst alle Aufgabenbereiche, die dazu nötig sind, die Produktion mit Material zu versorgen. Dieser Aufgabenbereich reicht von der Beschaffung (dem Einkauf) der Materialien, der Lagerung, dem Transport in der Produktion, bis hin zur Auslieferung der Fertigungserzeugnisse.[1] Die Logistik hingegen ist ein Teil der Materialwirtschaft. Ihre Aufgabe ist die Sicherstellung „eine(r) bedarfsgerechte(n) Verfügbarkeit von Objekten, Personen, Sachgütern, Dienstleistungen, Informationen und Energie"[2], um einen reibungslosen Materialfluss zu gewährleisten.

Im Folgenden werden anhand des Buches "Materialwirtschaft und Logistik" von Dieter Kluck[3] die bedeutendsten Ziele der Materialwirtschaft und der Logistik genauer erläutert.

Eines dieser Ziele ist die Sicherung der Beschaffungsmärkte, da keine Produktion stattfinden kann, wenn keine Aufträge vorhanden sind. Folglich hat der Einkauf die wichtige Aufgabe, die Beschaffungsmärkte zu erschließen und umfassend zu betreuen. Vorteilhaft ist zudem die hierdurch gewonnene Wettbewerbsfähigkeit durch preiswerte und innovative Beschaffungsmärkte.

Genauso wichtig ist jedoch auch die Qualität der Produkte. Damit ist nicht gemeint, dass ein Unternehmen nur auf die Qualitätsmerkmale der Produkte achten sollte, sondern ebenso auch auf die Qualität der Herstellungsprozesse. Hierzu gehören Kriterien wie Liefertreue und Service des Lieferanten, aber genauso auch der Technologiestatus, der eine moderne Materialwirtschaft ausmacht. Unternehmen, die Entwicklungs- und Forschungsaktivitäten betreiben, um ihre Technologie immer auf dem neuesten Stand zu halten, sollten hierbei bevorzugt werden.

Weitere Ziele der Materialwirtschaft und Logistik sind die Kostensenkung der zu beschaffenden Waren und die Senkung der Bestände, wie z. B. der Rohstoffe und

---

[1] Vgl. *Gabler Wirtschaftslexikon / Materialwirtschaft* (o. J.)
[2] *Wannenwetsch* (2010), S. 10 zitiert nach *Isermann* (1998), S. 21
[3] Vgl. *Kluck* (2008), S. 8-10

Halbfertigerzeugnisse, was sich als eine nach außen, wie nach innen gerichteter Aufgabe herausstellt.

Zudem müssen die Materialbewirtschaftungskosten optimiert werden, also die internen Kosten für den Transport, die Lagerung, die Zertifizierung etc. verringert werden. Zu beachten ist, dass die dafür aufgewendeten Kosten „im Vergleich zu den wichtigsten Wettbewerbern nicht zu stark differieren."[4]

Eine Optimierung muss außerdem im Bereich der Kapazitätsauslastung stattfinden, um eine rechtzeitige und reihenfolgeoptimale Bereitstellung des Materials voraussetzen zu können. Denn nur durch eine funktionierende Materialwirtschaft kann gewährleistet werden, dass es nicht zu Fertigungsausfällen oder Materialmangel kommt.

Ein weiteres Ziel, bzw. eine Teilaufgabe der Materialwirtschaft, ist aufgrund der sich stetig verbessernden Kommunikation und der Eröffnung neuer Märkte, die Fertigung von Produktionsteilen im In- und Ausland. Dies bringt viele neue Herausforderungen mit sich, an deren Ende relevante Entscheidungen getroffen werden müssen: Welche Teilprozesse gebe ich an andere Unternehmen ab? Wie erhalte ich dabei meine Qualität? Wie gelangt das Material zum Partnerunternehmen? Wie erfolgt der Transport des gefertigten Produktteiles? Der Aufgabenzweig "Outsourcing", also die Einsparung von Kosten durch die Abgabe von Produktionsprozessen an andere Unternehmen, „ist kein Schwerpunkt, aber ein immer wichtiger werdender Aufgabenzweig der Materialwirtschaft."[5]

Damit einhergehend ist die Verringerung der Fertigungstiefe von großer Bedeutung, um als Nebeneffekt auch hier das Unternehmen wettbewerbsfähiger zu machen. Ziel ist hierbei einen stärkeren Bezug zu bestimmten Komponenten aufzubauen und andere Komponenten fremd zu beziehen, also von anderen Unternehmen fertigen zu lassen. Die Auswahl geeigneter Partner und Lieferanten sowie die Entscheidung, welche Komponenten fremd produziert werden sollen, fallen auch in den Zuständigkeitsbereich der Materialwirtschaft.

Ein klassisches Ziel der Materialwirtschaft, und folglich auch der Logistik, ist das Aushandeln günstiger Einstandspreise, für deren Preisverhandlungen das notwendige Know-how bezüglich „der Marktsituation (Angebot und Nachfrage), der Marktseitenverhältnisse (Umsatzgröße und Nachfragevolumen der jeweiligen

---

[4] *Kluck* (2008), S. 9
[5] *Kluck* (2008), S. 9

Marktpartner) und der Preissenkungspotenziale"[6] sowie weiterer Aspekte vorhanden sein muss.

Allerdings geht es in der Materialwirtschaft zunehmend nicht nur um die Einkaufspreise, sondern vielmehr um die Gesamtkosten der Beschaffung des Materials, die unter dem Begriff TCO (Total Cost of Ownership) zusammengefasst werden. Hierzu zählen u.a. die Transport-, Zoll-, Verpackungs-, Lager- und Fertigungskosten. Ein im Einkauf günstiges Produkt kann aufgrund seiner mangelnden Qualität in der Fertigung große Kosten verursachen. Die Folgekosten für die Nachbestellung, den Fertigungsausfall oder die allgemeine Umplanung ziehen somit immense Zusatzkosten nach sich. Die Materialwirtschaft ist folglich angehalten die Kosten im Gesamten zu betrachten und zu optimieren.

Zu guter Letzt muss die Materialwirtschaft im Bereich der Materialdisposition immer neue Wege gehen. Beispielsweise kann durch Just-in-time-Beschaffung der Lageraufwand reduziert werden oder durch immer neuartige EDV-Systeme die Disposition der unterschiedlichen Produkte vereinfacht und automatisiert werden.

Zusammenfassend stehen über allen Zielen der Materialwirtschaft und der Logistik die Forderungen der 6 R´s. Diese lauten wie folgt: Die richtigen Objekte, in der richtigen Menge, in der richtigen Qualität, zu den richtigen Kosten, zur richtigen Zeit, am richtigen Ort bereitzustellen.[7]

A 1.2 Beispiele für Zielkonflikte sowie die Erläuterung von Lösungsansätzen

Aufgrund des großen Aufgabenbereiches der Materialwirtschaft sind folglich auch viele unterschiedliche Unternehmensbereiche in die Prozesse involviert und für die Zielerreichung verantwortlich. Hierbei kommt es häufig zu sogenannten Zielkonflikten, da von einem Unternehmensbereich in der Regel mehrere konträre Ziele gleichzeitig verfolgt werden.

Ein Beispiel hierfür gibt es im Bereich der Distribution. Zum einen soll ein schneller Transport der Produkte erfolgen, der aber wiederum hohe Transportkosten verursacht.[8] Eine Lösung hierfür wäre das Problem offen mit dem Abnehmer zu

---

[6] *Kluck* (2008), S. 9-10
[7] Vgl. *Kluck/Prill/Ornau* (2014), S. 17
[8] Vgl. *Wannenwetsch* (2010), S. 23

5

besprechen, da eine schnelle Lieferung auch in seinem Interesse ist. Ein geringfügiger Aufpreis für den Abnehmer wäre somit begründbar, wodurch das Unternehmen die höheren Transportkosten nicht zu 100% alleine tragen müsste.

Ein weiteres Beispiel findet man in der Logistik, wo ein schneller und gefilterter Austausch an Informationen mittlerweile unabdingbar ist. Jedoch bedeutet dies für das Unternehmen eine hohe Investition in spezielle Hard- und Software.[9] Diese Investition muss man allerdings langfristig betrachten. Natürlich kostet die Umsetzung von Hard- und Softwaresystemen in einem Unternehmen im ersten Moment sehr viel Geld, Zeit und Geduld. Positiv ist dennoch hierbei, dass durch neue Technologien die einzelnen Prozesse viel schneller abgewickelt werden können und digital speicherbar, also verfolgbar, sind. Zudem können Probleme schneller entdeckt und behoben werden sowie die Automatisierung der einzelnen Prozesse vermutlich sogar Personaleinsparungspotenzial bietet. In der Folge reduzieren sich langfristig sämtliche Kosten.

Ein drittes Beispiel für einen Zielkonflikt besteht im Bereich Service/Vertrieb.[10] Eine professionelle und optimale Kundenbetreuung, durch Telefonate, persönliche Meetings, Events bei der Vorstellung neuer Produkte usw., ist unverzichtbar, aber zeitaufwendig und zieht hohe Personalkosten mit sich. Eine Investition in Weiterbildungen für das eigene Personal, z. B. im Bereich Zeitmanagement oder in der Umsetzung neuer Vertriebsmöglichkeiten, würde dem Unternehmen an vielen Stellen nützen. Außerdem sind Weiterbildungen bei der Mehrheit der Angestellten beliebt, da man den Arbeitsalltag verlässt, Neues dazulernt und so auch einmal die Möglichkeit für einen Austausch unter Kollegen erhält. Nicht ohne Grund geben „(d)ie TOP 5 der Unternehmen […] dreimal mehr für Weiterbildungen aus als der Durchschnitt."[11]

Diese drei Beispiele verdeutlichen zwar, dass es Lösungsansätze gibt, wie man die Interessen zweier gegensätzlicher Ziele gleichzeitig durchsetzen kann, dabei die einzelnen Ziele jedoch nie zu 100% erfüllt werden können. Demzufolge entspricht die Materialwirtschaft immer nur einer Optimierungsaufgabe.

---

[9] Vgl. *Wannenwetsch* (2010), S. 23
[10] Vgl. *Wannenwetsch* (2010), S. 23
[11] *Wannenwetsch* (2010), S. 25

Aufgabe 2

A 2.1 Begriffserläuterung „Global Sourcing" sowie die Beschreibung der Ziele, die mit dem Einsatz von „Global Sourcing" verfolgt werden

Unter Global Sourcing versteht man die internationale Beschaffung, also den weltweiten Einkauf, von Produktionsfaktoren, wie beispielsweise von „Arbeit, Energie, Rohstoffen, Ausgangsmaterialien und Vorprodukten"[12], wodurch die üblichen Beschaffungsmöglichkeiten gezielt erweitert werden sollen.

Die Motive aus Unternehmenssicht, sich für Global Sourcing zu entscheiden, reichen von „Kosteneinsparungen, der Zugang zu überlegener Prozesstechnologie sowie höherer Produktqualität, die Nichtverfügbarkeit von Gütern auf lokalen Märkten, die Stärkung des Lieferantenwettbewerbs, das veränderte Beschaffungsverhalten der Konkurrenz [...] (bis hin zum) Aufbau einer Präsenz in fremden Märkten"[13].

Auslöser für den Einsatz von Global Sourcing sind in der Regel die zunehmenden Lohn- und Produktionskosten, die ein Unternehmen und dessen Produkte sogar im schlimmsten Fall nicht mehr wettbewerbsfähig machen können.

„Im Vordergrund des Global Sourcings steht demnach die Gewinnung und Sicherung von Wettbewerbsvorteilen durch eine gezielte Beschaffungspolitik."[14]

Ziel ist es „Markttransparenz zu schaffen, optimale Lieferquellen aufzuspüren sowie Entscheidungsgrundlagen zu erstellen."[15]

Im Gegensatz zur nationalen Beschaffungspolitik führt Global Sourcing zu einem erhöhten Informationsbedarf, da hier jede Menge zusätzlicher Informationen eingeholt werden müssen.

Bei einer Produktion im Ausland, mit sprachlichen und kulturellen Unterschieden, muss vor allem eine funktionierende Kommunikationsebene gewährleistet werden können.

Dabei gilt es nicht nur das Problem der Sprachbarriere zu lösen, sondern auch jegliche Informationen bezüglich der Produktion im jeweiligen Land einzuholen, wie z. B. in Hinsicht auf die Kapazität, die Fertigungstechnik oder die Flexibilität des Lieferanten im Ausland. Zudem müssen weitere Informationen darüber eingeholt werden, ob der gewünschte Lieferant eventuell schon mit einem Wettbewerber zusammenarbeitet.

---

[12] *Ernst Klett Verlag* (2012)
[13] *Diederichs* (2014), S. 20-21 zitiert nach *Monczka/Trent/Handfield* (2005), S. 306ff
[14] *Ernst Klett Verlag* (2012)
[15] *Kluck* (2008), S. 28

Hinzu kommt, dass „(d)ie Personalqualifikation des Lieferanten [...] schwierig zu beurteilen (ist), da die Ausbildungssysteme sehr stark differieren."[16]

Für ein Unternehmen, dass im Ausland produzieren will, sind zusätzlich die „Kenntnisse der rechtlichen Situation, wie Gefahrenübergang, Zahlung von Transportkosten und Versicherungen"[17], von enormer Wichtigkeit, da diese bei Nichtbeachten folgenschwere Probleme mit sich bringen und somit auch, entgegen dem eigentlichen Ziel, hohe Kosten verursachen können.

A 2.2 Beschreibung, wie „Global Sourcing"-Strategien in Unternehmen umgesetzt werden können

Vorab muss klargestellt werden, dass Global Sourcing ein gesamtes Unternehmen betrifft und keineswegs alleinige Aufgabe des Einkaufs ist.[18]

Ein Unternehmen stellt sogenannte Bewertungskriterien auf, um zu ermitteln, welche Beschaffungsobjekte sich dazu eignen, fremdbezogen zu werden. „Häufig wird Global Sourcing mit (dem) Einkauf in Niedriglohnländern gleichgesetzt."[19] Dies entspricht jedoch nicht der Wahrheit, da die Lohn- und Lohnnebenkosten nur den Beschaffungspreis beeinflussen.

Für den Einkauf sind aber auch die Beschaffungsnebenkosten oder die Kosten an Dritte, wie z. B. Kosten für Verpackungsleistungen, von essentieller Bedeutung.[20]

Als erstes Bewertungskriterium ergeben sich daher „die Kosteneinflussgrößen, die durch Global Sourcing beeinflusst werden."[21]

Als zweites Bewertungskriterium dient das Versorgungsrisiko. Hier werden Aspekte wie bestehende Schutzrechte, die technische Komplexität oder auch die Wiederbeschaffungszeiten des Beschaffungsobjektes genauer betrachtet.

Werden alle diese Kriterien in ihrer Gesamtheit untersucht und eingeschätzt, erhält das Unternehmen am Ende ein oder mehrere Beschaffungsobjekte, die im besten Fall ein

---

[16] *Kluck* (2008), S. 29
[17] *Kluck* (2008), S. 29
[18] Vgl. *Wildemann* In: *Blecker/Gemünden* (2006), S. 253
[19] *Wildemann* In: *Blecker/Gemünden* (2006), S. 255
[20] Vgl. *Wildemann* In: *Blecker/Gemünden* (2006), S. 255
[21] *Wildemann* In: *Blecker/Gemünden* (2006), S. 255

niedriges Versorgungsrisiko und gleichzeitig einen möglichst hohen beeinflussbaren Kostenanteil aufweisen.[22]

Anhand solcher Strategien können die Unternehmen herausfinden, welche Beschaffungsobjekte für Global Sourcing geeignet sind und welche man lieber selbst herstellen oder national beschaffen sollte.

A 2.3 Zusammenfassung der Vorgehensweise für die Analyse und Optimierung eines weltweiten Lieferantennetzwerkes eines Automobilunternehmens anhand des Artikels von Horst Wildemann

Horst Wildemann bezieht sich in seinem Artikel auf eine Fallstudie, in der das Automobilunternehmen bereits erfolgreich Global Sourcing betreibt. Es sollen jedoch noch weitere Global Sourcing Potenziale identifiziert werden, um zusätzliche Reduktionen zu erzielen. „Der Fokus lag (hierbei) auf der Analyse und Optimierung des weltweiten Lieferantennetzwerkes, auch global Footprint genannt. Ziel war es, innerhalb der bestehenden Lieferstrukturen bestehende Potenziale [...] zu identifizieren."[23]

In der Fallstudie wurde besonderes Augenmerk auf die Verteilung der Lieferanten und der sich daraus ergebenden Lieferantenbeziehungen gelegt.

Für ein besseres Verständnis müssen jedoch zuerst die Begriffe OEM, Tier-1 etc. kurz erläutert werden (siehe Abbildung 1).

Der OEM (Original Equipment Manufacturer) ist der sogenannte Erstausrüster. Er erhält die Hardwarekomponenten, die von einem anderen Zulieferer gefertigt werden und baut diese in seine eigenen Produkte, unter eigenem Namen, ein.

„Nachgelagert befinden sich die Lieferanten von Modulen und Systemen (Tier-1). Diese wiederum werden von Komponenten-Lieferanten (Tier-2) beliefert, die selbst von Teile-Lieferanten (Tier-3) Waren beziehen."[24]

---

[22] Vgl. *Wildemann* In: *Blecker/Gemünden* (2006), S. 255
[23] *Wildemann* In: *Blecker/Gemünden* (2006), S. 260
[24] *Ecosio* (o. J.)

9

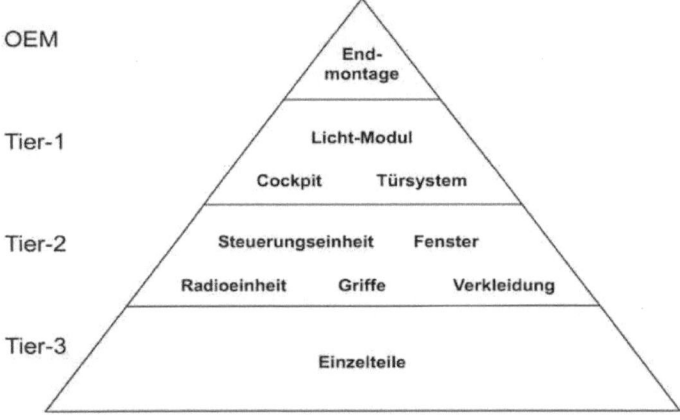

Abbildung 1: Zulieferpyramide in der Automobilindustrie

(Quelle: www.ecosio.com/de/blog/2017/03/10/Was-ist-ein-Tier-Supplier-oder-Tier-Lieferant/)

In der Fallstudie wurden nun drei Phasen bestimmt, die zur Ermittlung weiterer Global Sourcing Potenziale dienen sollten[25]:

1. Phase: Analyse und Bewertung der Ausgangssituation
2. Phase: Analyse und Bewertung des bestehenden „Global Footprint"
3. Phase: Strategieworkshops mit ausgewählten Lieferanten

In der ersten Phase kristallisierten sich fünf Systeme heraus, die hohe Optimierungspotenziale vermuten ließen. Sie wurden im Voraus anhand von vier Auswahlkriterien ausfindig gemacht: dem jährlichen Beschaffungsvolumen (Preis multipliziert mit Verbrauchsmenge), der Verbrauchsmengen nach Geschäftslaufzeit und Restlaufzeit, der Werthaltigkeit der Hauptkomponenten sowie der systemübergreifenden Effekte (Ausstrahlungseffekte). Anschließend wurde die Beschaffungssituation für diese fünf Systeme, durch eine Analyse der Preisstruktur, der Tier-Struktur wie auch der Global Footprints, detailliert untersucht.[26]

---

[25] Vgl. *Wildemann* In: *Blecker/Gemünden* (2006), S. 260
[26] Vgl. *Wildemann* In: *Blecker/Gemünden* (2006), S. 260

Dies brachte zum Vorschein, dass eine Menge der benötigten Informationen zwar vorhanden war, allerdings nicht in einer zentralen Datenbank festgehalten wurde. Es wurden zwar Listen von den jeweiligen Einkäufern geführt, jedoch wiesen diese signifikanten Qualitätsunterschiede auf. Es zeigte sich auch, dass die Transparenz der Lieferantenbeziehungen zu gering war, da die jeweiligen Verbindungen nicht für alle in ausreichendem Maß erkennbar waren.[27]

In der zweiten Phase wurde anhand verschiedener Portfolios das Lieferantennetzwerk genauer untersucht. Demnach galt es die Marktrisiken zu durchleuchten und auch das Verlagerungspotenzial genauer zu analysieren, um festzustellen welche Maßnahmen zu ergreifen sind und welche Systeme oder Komponenten am ehesten verlagert werden sollten.[28] Infolgedessen wurden Informationen bei den Tier-1-Lieferanten eingeholt, die allerdings ebenso Großkonzerne mit einer Vielzahl von Produktionsstandorten sind. Die Nachforschungen, wo wiederum der Tier-1-Lieferant seine Komponenten fertigt und woher er die dafür benötigten Materialien bezieht, führten zu einer detaillierten Darstellung des Lieferantennetzwerkes. Anhand dieser Informationen konnte ein Ist-Portfolio erzeugt werden, dem wiederum ein Soll-Portfolio entgegengesetzt wurde, um eine vorhandene Differenz zu verdeutlichen.[29]

Diese Differenz der Ist- und Soll-Werte führte schlussendlich zur dritten Phase, in der nun Konzeptworkshops mit ausgewählten Tier-1-Lieferanten durchgeführt wurden. Hier mussten in zwei Tagen die Potenziale identifiziert sowie Maßnahmen abgeleitet werden, wie sich diese Potenziale in der Durchführung realisieren lassen. Nach zwei Wochen wurden dann in einem sogenannten Follow-Up-Workshop die Einsparungspotenziale bestimmt und demzufolge ein verbindlicher Umsetzungsplan aufgestellt.

Mit dieser Vorgehensweise konnte das Automobilunternehmen tatsächlich zusätzliche Preisreduzierungen zwischen 9-13 %, bezogen auf den jeweiligen Basispreis und unter Berücksichtigung der bereits veränderten Logistikkosten, erzielen.[30]

---

[27] Vgl. *Wildemann* In: *Blecker/Gemünden* (2006), S. 260-261
[28] Vgl. *Wildemann* In: *Blecker/Gemünden* (2006), S. 262
[29] Vgl. *Wildemann* In: *Blecker/Gemünden* (2006), S. 262
[30] Vgl. *Wildemann* In: *Blecker/Gemünden* (2006), S. 263

Aufgabe 3

A 3.1 Erläuterung der Leistungstypen in der Produktion

Produktionsprozesse können anhand der Mengenleistung in fünf Leistungstypen unterschieden werden, die wie folgt bezeichnet werden: Einzelfertigung, Massenfertigung, Sortenfertigung, Serienfertigung und Chargenfertigung. Diese werden wiederum in Extremformen (Einzel- und Massenfertigung) sowie in Zwischenformen (Sorten-, Serien- und Chargenfertigung) unterschieden. Im Folgenden werden die Leistungstypen anhand verschiedener Aspekte beschrieben und durch die Nennung von Beispielen voneinander abgegrenzt.

Bei der Einzelfertigung handelt es sich im Extremfall um die einmalige Herstellung eines individuellen Produktes. Gegebenenfalls wird diese Einzelfertigung, aufgrund der Seltenheit des Bedarfs, zu einem späteren Zeitpunkt erneut produziert. Essenziell ist jedoch hierbei, dass kein Produkt dem anderen völlig oder annähernd gleicht. Zur Gruppe der Einzelfertigungen gehören beispielsweise Elemente für den Schiffs-, Brücken- oder Großmaschinenbau. Diese Bauteile werden nicht in Massen produziert, da jedes Teil passgenau auf seine Maße und Anforderungen abgestimmt werden muss.

Die Flexibilität der Produktionsanlagen muss in diesen Fertigungsbetrieben sehr hoch sein, um auf die unterschiedlichsten Kundenwünsche schnellstmöglich eingehen zu können. In der Regel findet man hier „Universalmaschinen […], die vielseitig verwendbar und schnell umzurüsten sind."[31] Hinzu kommt, dass die Arbeitskräfte Flexibilität und ein breites Fachwissen mitbringen müssen.

Die Kosten einer Einzelfertigung sind sehr hoch, da die „Betriebsmittel und Werkstoffe […] speziell auf den Auftrag zugeschnitten"[32] werden müssen, was nicht nur hohe Materialkosten sondern auch lange Umrüstzeiten mit sich bringt. Die Verwendung qualitativ hochwertiger Materialien, was bei der Einzelfertigung unerlässlich ist, lässt zusätzlich die Stückkosten steigen.

Die Massenfertigung hingegen bezeichnet einen „Fertigungstyp, bei dem eine vorab nicht beschränkte Menge von Gütern mit gleichen Eigenschaften in ständiger

---

[31] *Wirtschaftslexikon24 / Einzelfertigung* (o. J.)
[32] *Wirtschaftslexikon24 / Einzelfertigung* (o. J.)

Wiederkehr erzeugt wird."[33] Essentiell ist hierbei die Gleichartigkeit des Produktes, was zum einen Vor- aber auch Nachteile mit sich bringt.

Die Stückkosten sind aufgrund der hohen Stückzahlen bei der Massenfertigung extrem gering. Denn je höher die Kapazitätsauslastung und die Herstellungsmengen sind, desto geringer werden die fixen Kosten (z. B. Miete und Gehälter) pro gefertigtem Stück und umso niedriger werden folglich auch die gesamten Stückkosten. Außerdem sind keine Umrüstungen der Produktionsanlagen nötig, wodurch der Herstellungsprozess automatisiert werden kann.

Dem gegenüber steht jedoch die mangelnde Flexibilität, die angesichts des Einsatzes von Spezialmaschinen bei Nachfrageänderungen sogar die Existenz des Betriebes bedrohen kann, da Produktionsumstellungen sehr kostenintensiv sein können.[34]

Ein Beispiel für die Massenfertigung ist Strom, der selbstverständlich jederzeit in hoher Qualität abrufbar sein muss. Ein weiteres Beispiel für die Massenfertigung findet man in der Automobilindustrie, wo manche Bauteile und Komponenten in einer Vielzahl und immer in gleicher Qualität benötigt werden und deshalb in Massen produziert werden.

Die Sortenfertigung hat große Ähnlichkeit mit der Serienfertigung (siehe unten) und ist gleichzeitig eine Variante der Massenfertigung. Es werden hier ebenso große Mengen qualitativ verwandter und fertigungstechnisch weitgehend identischer Erzeugnisse hergestellt.[35]

Einige Beispiele für Produkte, die in Sortenfertigung hergestellt werden, sind: Süßigkeiten (z. B. Schokolade in unterschiedlichen Varianten), Getränke (Säfte, Limonaden oder Biere in verschiedenen Geschmacksrichtungen) sowie Textilien (verschiedenen Ausführungen an Farben und Größen).[36]

Vorteilhaft ist, dass die Herstellung in der Regel auf einer Produktionsanlage erfolgen kann, da sich die Endprodukte nur in wenigen Details unterscheiden.

Auf diese Weise hält sich auch der Umrüstungsaufwand der Produktionsanlagen bei einem Sortenwechsel in Grenzen.

Die Flexibilität der Anlagen ist bei der Sortenfertigung demnach deutlich höher als es bei der Massenfertigung der Fall ist, jedoch nicht mit der Flexibilität in der Einzelfertigung zu vergleichen.

---

[33] *Wirtschaftslexikon24 / Massenfertigung* (o. J.)
[34] Vgl. *Gabler Wirtschaftslexikon / Massenproduktion* (o. J.)
[35] Vgl. *Ornau/von Garrel* (2016), S. 52
[36] Vgl. *Rechnungswesen verstehen / Sortenfertigung* (o. J.)

Ein weiterer Vorteil der Sortenfertigung ist, dass mit einem gemeinsamen Ausgangsprodukt produziert wird, wodurch sich auch die Lagerhaltungskosten für die Grundstoffe verringern.[37]

Jedoch gilt es die optimale Losgröße (Produktionsstückzahl) zu ermitteln, die bei der Sortenfertigung oftmals nicht vorhersehbar ist, da die häufigen Sortenwechsel zu vermehrten Umrüstungsarbeiten an den Anlagen führen und folglich zu höheren Kosten, durch die Unterbrechung des Produktionsprozesses, führen.

Wie bereits erwähnt hat die Serienfertigung sehr viel Ähnlichkeit mit der Sortenfertigung. Jedoch werden bei der Serienfertigung große Mengen von unterschiedlichen Erzeugnissen produziert, wohingegen bei der Sortenfertigung die Erzeugnisse weitgehend identisch sind.

Es handelt sich hierbei um Produkte wie Möbel, Haushaltsgeräte, Schuhe oder Einzelteile von Maschinen, die nach Kundenwunsch gefertigt werden.

Bei der Serienfertigung müssen sowohl die Produktionsanlagen flexibel umrüstbar sein, als auch das Personal flexibel agieren können. Zudem müssen die Arbeitskräfte ein breites Fachwissen mitbringen, um die unterschiedlichen Produkte richtig anfertigen zu können.

Bei der Serienfertigung ist entscheidend, dass die Herstellung einer bestimmten Produktserie erst vollständig abgeschlossen wird, bevor eine neue Serie produziert wird. Dadurch wird auch der Umrüstungsaufwand der Produktionsanlagen in Grenzen gehalten, wodurch es dem Unternehmen möglich ist die Vorbereitungskosten und Ausfallzeiten zu senken.[38]

Bei der Serienfertigung gilt: je größer die Serie (das Los), desto kleiner sind auch die losfixen Kosten pro gefertigtem Produkt. Losfixe Kosten sind diejenigen Kosten, die pro gefertigte Serie einmalig anfallen und selbst bei unterschiedlichen Losgrößen immer gleich bleiben, z. B. Entwicklungs- oder Stillstandkosten.

Je größer wiederum die Serie ist, desto höher steigen die Lagerkosten für die Halb- und Fertigungserzeugnisse.[39] Aus diesem Grund ist das Ziel der Serienfertigung, die Ermittlung der optimalen Serien- bzw. Losgröße.

---

[37] Vgl. *Rechnungswesen verstehen / Sortenfertigung* (o. J.)
[38] Vgl. *Rechnungswesen verstehen / Serienfertigung* (o. J.)
[39] Vgl. *Wirtschaftslexikon24 / Serienfertigung* (o. J.)

Bei der Chargenfertigung handelt es sich um eine Sonderform der Sorten- und Serienfertigung. Sie kommt vor allem in der Lebensmittel-, Chemie-, Pharma- oder Stahlindustrie vor. Produkte wie u.a. Brot, Farben, Medikamente oder Lacke sind hierbei die Erzeugnisse, die anhand von Rezepturen gefertigt werden. Der Flexibilitätsfaktor ist bei der Chargenfertigung eher gering. Zum einen werden in der Regel immer dieselben Produkte in den Anlagen hergestellt, was kaum Umrüstungsaufwand erfordert, und zum anderen kommt es nur selten, und wenn dann nur in geringem Umfang, zu Rezeptur- oder Prozessänderungen.

Charakteristisch für diesen Leistungstyp ist, dass die zu fertigende Charge durch die Kapazität eines Betriebsmittels, beispielsweise durch die Größe des Ofens bei der Brotherstellung, begrenzt ist.[40] Obwohl bei jeder Charge der gleiche Materialeinsatz erfolgt, werden immer unterschiedliche Mengen an Produkt erzielt, da die Produktionsprozesse nicht vollständig beherrschbar sind.

Die Stückkosten bei der Chargenfertigung sind demnach sehr hoch, da es häufig zu Ausschüssen kommt. Durch die nicht vollständig beherrschbaren Produktionsprozesse kann das Endprodukt grobe Mängel aufweisen, beispielweise ein zu kleines/zu großes oder zu helles/zu dunkles Brot. Diese Erzeugnisse können nicht mehr verkauft werden und erzielen dadurch Verluste. Hier gilt es den Fertigungsprozess dahingehend zu optimieren, dass Ausschüsse nur noch in geringem Ausmaß vorkommen.

Aufgabe 4

A 4.1 Erläuterung der Grundphilosophie des Toyota-Produktionssystems

Der Auslöser für die Toyota Motor Corporation den jungen Ingenieur Taiichi Ohno mit der Aufgabe zu betreuen die Produktivität des Konzerns zu erhöhen, waren die Zeiten nach Ende des Zweiten Weltkrieges, da zu jener Zeit die Automobilindustrie fast vollkommen zerstört war.[41]

Taiichi Ohno gilt heute als der wahre Erfinder des Toyota-Produktionssystems, da er die schon vorher bestehenden Optimierungskonzepte von Toyota miteinander

---

[40] Vgl. *Ornau/von Garrel* (2016), S. 52
[41] Vgl. *Toyota Material Handling Deutschland GmbH* (2010), S. 6

verband, sie zu umsetzbaren Verfahren weiterentwickelte und das System tatsächlich in die Produktion einführte.[42]

Das System ist darauf ausgerichtet eine Steigerung der Produktionseffizienz zu erzielen und dabei jegliche Art von Verschwendung zu vermeiden.[43] Es funktioniert durch die Umsetzung verschiedener Konzepte, die im Folgenden, anhand des Artikels der Toyota Material Handling Deutschland GmbH[44], genauer erläutert werden.

Eines dieser Konzepte ist das „Just-in-Time"-Verfahren, bei dem „in einem Fließbandverfahren die Teile, die zur Montage benötigt werden, zur rechten Zeit und nur in der benötigten Menge am Fließband ankommen."[45] Der Idealzustand eines Null-Lagerbestandes wird annähernd erreicht, wenn auf diese Weise durchgehend praktiziert wird.

Beim Just-in-Time-Prozess wird das ungleichmäßige Arbeitsaufkommen (Mura) durch einen mengenmäßigen Ausgleich (Heijunka) beseitigt, um „einen reibungslosen, kontinuierlichen und effizienten Produktionsfluss (zu) ermöglich(en)."[46] Folglich handelt es sich hierbei um das Gegenteil einer Massenproduktionsserie, bei der ohne Berücksichtigung der Nachfrage das Produkt in großen Mengen hergestellt wird.

Ziel von Heijunka ist ein leicht zu wechselnder Prozess, der es ermöglicht immer nur das Produkt zu fertigen, welches gerade nachgefragt wird.

Hinzu kommt, dass der mengenmäßige Ausgleich Verschwendungen (Muda) vermeiden soll. Im Toyota-Produktionssystem gilt alles als Verschwendung, was der Produktion keinen Wert hinzufügt, wie z. B. Überproduktion, zu große Bestände, Nacharbeiten oder Wartezeiten. Demzufolge zählen auch das ungleiche Arbeitsaufkommen (Mura) und Überbelastungen bzw. anstrengende Arbeiten (Muri), die Sicherheits- und Qualitätsprobleme auslösen können, zu den Verschwendungen (Muda), die es zu vermeiden gilt.

Hinzu kommt, dass die Taktzeit optimiert werden muss, also der „Arbeitszyklus mit der Nachfrage […] synchronisier(t) (werden muss), um eine Unter- oder Überproduktion

---

[42] Vgl. *Toyota Material Handling Deutschland GmbH* (2010), S. 7
[43] Vgl. *Onpulson Wirtschaftslexikon* (o.J.)
[44] Vgl. *Toyota Material Handling Deutschland GmbH* (2010), S. 6-13
[45] *Ohno* (2013), S. 37
[46] *Toyota Material Handling Deutschland GmbH* (2010), S. 8

zu vermeiden."[47] Ziel einer optimalen Taktzeit ist „die Gefahr von Verzug oder Produktionsüberschüssen (zu) beseitig(en) und so Verschwendung und Ineffizienz (zu) reduzier(en)."[48]

Bei Just-in-Time sind alle Komponenten miteinander verbunden und zeitlich aufeinander abgestimmt. Dies führt zu einem geringeren Überwachungsaufwand und folglich zu einem niedrigeren Personalbedarf. Jedoch müssen irgendwie die Informationen übermittelt werden, welches Produkt sich wann und wo befinden soll.

Eine Kanban-Karte ist hier die Lösung, da sie die Entnahme-, Transport- und Produktionsinformationen enthält, die innerhalb von Toyota und an dessen Zulieferer übermittelt werden. Wenn beispielsweise Material verbraucht wird sorgt das Kanban-System, durch die Anweisung eines Bedieners, für eine Just-in-Time-Lieferung. Durch Kanban wird Überproduktion vollständig verhindert sowie Lagerhäuser und deren Verwaltung überflüssig.[49]

Ein weiteres Konzept des Toyota-Produktionssystems ist das „Jidoka"-Prinzip. Hierbei werden überall im Produktionsprozess Qualitätskontrollen eingebaut, um Abweichungen sichtbar zu machen und um diese schnellstmöglich beheben zu können. „Jidoka kann als „Autonomisierung" übersetzt und als „Automation mit einer menschlichen Note" beschrieben werden."[50]

Jeder Mitarbeiter führt Qualitätskontrollen durch und gibt sein Erzeugnis erst dann an die nächste Station weiter, wenn eventuelle Mängel oder Fehler behoben worden sind, selbst wenn dazu ein Produktionsstop erforderlich ist.

Bei der Umsetzung von Jidoka hilft zum einen das Handeln nach Genchi Genbutsu (bedeutet „zur Quelle gehen"). Damit ist gemeint, dass man sich nicht nur auf die Informationen anderer verlassen sollte, sondern den Mut aufbringen muss die Probleme selbst zu beurteilen, um sich so ein umfassendes Bild zu machen.

Zum anderen sind sogenannte Andon-Tafeln hilfreich, da sie jederzeit den Status der Fertigungslinien elektronisch anzeigen. Schnell kann herausgefunden werden, welcher Mitarbeiter gerade einen Fehler oder einen Mangel festgestellt hat. Die Tafel informiert sofort das Management, sodass die Produktion gestoppt werden kann.

---

[47] *Toyota Material Handling Deutschland GmbH* (2010), S. 9
[48] *Toyota Material Handling Deutschland GmbH* (2010), S. 9
[49] Vgl. *Ohno* (2013), S. 39, 63-64
[50] *Toyota Material Handling Deutschland GmbH* (2010), S. 10

Des Weiteren sorgen Standardisierungen für ein konstant hohes Qualitätsniveau. Sie halten das Produktionstempo aufrecht und bieten Vergleichsmöglichkeiten, um sich kontinuierlich verbessern zu können.

Ein letztes Hilfsmittel für die Umsetzung von Jidoka ist das Poka-Yoke-Pinzip. Alle Teile erhalten hierbei entsprechende Kennzeichnungen, sodass „sie von jedermann gleichermaßen mühelos gefunden und benutzt werden können."[51] Dadurch wird die Qualität bewahrt, da es den Mitarbeitern schwer bzw. fast unmöglich gemacht wird Fehler zu begehen.

Kommen wir zum dritten und letzten Konzept des Toyota-Produktionssystems. Mit der Führungsphilosophie „Kaizen" sollen alle Mitarbeiter dazu gebracht werden kontinuierlich nach Verbesserungsmöglichkeiten zu suchen.

Kaizen wird nicht nur im Bedarfsfall eingesetzt, sondern ist als grundlegende Verhaltensweise im Unternehmen zu verstehen.[52] Jeder einzelne Mitarbeiter wird mit einbezogen und erhält dadurch auch Verantwortung, was sich positiv auf die Arbeitseinstellung und somit auf die Qualität auswirkt.

Kaizen verlässt sich nicht nur auf die Verbesserungsvorschläge der höheren Etagen oder Experten, sondern nutzt den Vorteil der eigenen Mitarbeiter. Gerade sie, die täglich im Prozess mitarbeiten, liefern die Kenntnisse, Fähigkeiten und Erfahrungen für optimale Verbesserungen.

Kaizen fordert jedoch vor Veränderung eines Prozesses das Konzept der "5 Warum-Fragen" anzuwenden, um Änderungen ohne hinreichenden Grund zu verhindern. „Wenn man fünfmal *warum* fragt und jedesmal nach der Antwort sucht, hat man gute Chancen, die wahre Ursache des Problems aufzudecken, die oft hinter offensichtlicheren Symptomen versteckt ist."[53]

Darüber hinaus legt Toyota großen Wert darauf, dass durch die Kultur der "5 S" eine Atmosphäre des Stolzes und der Effizienz geschaffen wird:

Seir:	Sieben/aussortieren
Seiton:	Sortieren/ordentlich ablegen
Seiso:	Sauberkeit
Seiketsu:	Standardisieren

---

[51] *Toyota Material Handling Deutschland GmbH* (2010), S. 11
[52] Vgl. *Koch* (2015), S. 127
[53] *Ohno* (2013), S. 51-52

Shitsuke: Selbstdisziplin

Da jeder Mitarbeiter diese Prinzipien verinnerlicht und nach ihnen handelt, werden die Prozesse so effektiv und effizient wie möglich gehalten.

Das Toyota-Produktionssystem genießt bis heute einen hervorragenden Ruf, da viele Hersteller die daraus hervorgehenden Prinzipien übernehmen und es häufig die Grundlage für die Entwicklung neuer Programme bildet. Jedoch waren bisher nur wenige Unternehmen in der Lage den Erfolg von Toyota zu wiederholen.

Literaturverzeichnis

Bücher:

- *Diederichs, M.* (2014), Global Sourcing, 1. Auflage, Hamburg.
- *Isermann, H.* (1998), Logistik: Gestaltung von Logistiksystemen, 1. Auflage, Landsberg.
- *Kluck, D.* (2008), Materialwirtschaft und Logistik, 3. Auflage, Stuttgart.
- *Koch, S.* (2015), Einführung in das Management von Geschäftsprozessen, 2. Auflage, Berlin.
- *Monczka, R./Trent, R./Handfield R.* (2005), Purchasing and Supply Chain Management, 3. Auflage, Mason.
- *Ohno, T.* (2013), Das Toyota-Produktionssystem, 3. Auflage, Frankfurt/Main.
- *Wannenwetsch, H.* (2010), Integrierte Materialwirtschaft und Logistik, 4. Auflage, Berlin/Heidelberg.

Artikel einer Firma:

- *Toyota Material Handling Deutschland GmbH* (2010), Das Toyota Produktionssystem und seine Bedeutung für das Geschäft.

Artikel in Sammelwerken:

- *Wildemann, H.*, Global Sourcing – Erfolg versprechende Strategieableitung. In: *Blecker, T./Gemünden, H. G.* (Hrsg), Wertschöpfungsnetzwerke: Festschrift für Bernd Kaluza, Berlin 2006, S. 253-268.

Studienbriefe:

- *Kluck, D./Prill, M.-A./Ornau, F.* (2014), Materialwirtschaft, 6. Auflage, Studienbrief der SRH Fernhochschule, Riedlingen.
- *Ornau, F./von Garrel, J.* (2016), Produktion, 9. Auflage, Studienbrief der SRH Fernhochschule, Riedlingen.

Internetquellen:

- www.wirtschaftslexikon.gabler.de/Definition/materialwirtschaft.html (Stand: 02.10.2017).

- www.klett.de/alias/1010898 (Stand: 06.10.2017).
- www.ecosio.com/de/blog/2017/03/10/Was-ist-ein-Tier-Supplier-oder-Tier-Lieferant/ (Stand: 07.10.2017).
- www.wirtschaftslexikon24.com/d/einzelfertigung/einzelfertigung.htm (Stand: 07.10.2017).
- www.wirtschaftslexikon24.com/d/massenfertigung-massenproduktion/massenfertigung-massenproduktion.htm (Stand: 08.10.2017).
- www.wirtschaftslexikon.gabler.de/Definition/massenproduktion.html (Stand: 08.10.2017).
- www.rechnungswesen-verstehen.de/bwl-vwl/bwl/sortenfertigung.php (Stand: 08.10.2017).
- www.rechnungswesen-verstehen.de/bwl-vwl/bwl/serienfertigung.php (Stand: 08.10.2017).
- www.wirtschaftslexikon24.com/d/serienfertigung-serienproduktion/serienfertigung-serienproduktion.htm (Stand: 08.10.2017).
- www.onpulson.de/lexikon/toyota-produktionssystem/
- (Stand: 11.10.2017).

Abbildung:

- www.ecosio.com/de/blog/2017/03/10/Was-ist-ein-Tier-Supplier-oder-Tier-Lieferant/ (Stand: 07.10.2017).